GANHAR A VIDA É PERDÊ-LA?

Jovem pensador

Guillaume le Blanc

Ilustrações de Jochen Gerner

Tradução de Eric Heneault

GANHAR A VIDA É PERDÊ-LA?

EDITORA
ALAÚDE

Título original: *Gagner sa vie, est-ce la perdre?*

O texto deste livro foi fixado conforme o acordo ortográfico vigente no Brasil desde 1º de janeiro de 2009.

PRODUÇÃO EDITORIAL: EDITORA ALAÚDE
Preparação: Grazielle Gomes da Veiga
Revisão: Silvia Almeida, Olivia Yumi Duarte

EDIÇÃO ORIGINAL: GALLIMARD JEUNESSE
Projeto gráfico: Néjib Belhadj Kacem

Impressão e acabamento: Bartira Gráfica

1º edição, 2015

Impresso no Brasil

Dados Internacionais de Catalogação na Publicação (CIP)
(Câmara Brasileira do Livro, SP, Brasil)

Le Blanc, Guillaume
Ganhar a vida é perdê-la? / Guillaume Le Blanc; ilustrações de Jochen Gerner ; tradução de Eric Heneault. -- São Paulo : Alaúde Editorial, 2015. -- (Série jovem pensador)

Título original: Gagner sa vie, est-ce la perdre?
ISBN 978-85-7881-266-9

1. Economia 2. Filosofia 3. Jovens - Trabalho 4. Literatura infantojuvenil I. Gerner, Jochen. II. Título. III. Série.

14-13227 CDD-331.083

Índices para catálogo sistemático:
1. Jovens : Trabalho : Filosofia : Economia 331.083

2015
Alaúde Editorial Ltda.
Rua Hildebrando Thomaz de Carvalho, 60
04012-120, São Paulo, SP
Tel.: (11) 5572-9474
www.alaude.com.br

À minha mãe

Sumário

TRABALHO

As idades da vida

"Gente grande" trabalha

Os adultos precisam lembrar que foram crianças antes de ser "gente grande" e que houve um período, como o que você vive hoje, em que não se preocupavam com trabalho. À medida que crescemos, esse tema se torna cada vez mais presente, primeiro como um assunto entre outros, até se tornar *o assunto*. Com certeza, o trabalho já marcou a sua vida, seja com a ausência diária de seus pais, que saem de manhã e só voltam à noite para casa, seja com a impossibilidade de eles conseguirem um trabalho ou um emprego estável – problema que acaba sendo motivo de angústia para muitas famílias.

Você cresce, começa a ouvir conversas relacionadas à estafa e à precariedade, assuntos que pouco tempo antes desconhecia. É assim que você mergulha, quase sem perceber, em um universo que não era seu, que ainda não é seu, mas que aos poucos se expande e se torna parte de você. No começo, sua vida era uma vida sem trabalho, junto com os membros de sua família, alguns enfrentando problemas de trabalho – algo que até então você ignorava, mas que, uma vez adulto, passa a conhecer, pois sabe que sua vida foi possível graças a essa repetição de gestos e atitudes que chamamos de trabalho.

estafa
Extremo cansaço, esgotamento. Diz-se também de um trabalho pesado ou que causa aborrecimento

precariedade
Nesse sentido, significa estado de pouca ou nenhuma estabilidade; que é incerto, ou seja, de algo que não é garantido

Com a idade, você se torna interessado, atento aos problemas de “gente grande”, dificuldades que regularmente invadem o mundo da infância, que você se esforça em preencher de alegria. Então crescer consiste em ser forçado e obrigado a compartilhar os problemas e as alegrias do seu lar. Agora, você entende que seu íntimo está entremeado do "êxtimo", do ruído e da exaltação vindos de fora. Frequentemente se pergunta se pode escapar disso ou, pelo menos, adiar seu início, fazendo a infância durar mais tempo. Na verdade, você ainda procura os limites que antes o preservavam e separavam dos outros.

êxtimo
Conceito criado pelo psicanalista francês Jacques Lacan (1901-1981). É o oposto de "íntimo", indicando o que vem do mundo externo

O ser humano deve necessariamente trabalhar?

Agora todos lhe fazem a mesma pergunta – “O que você vai ser quando crescer?” –, e você se questiona em que idade começa este novo estado, que lhe é desconhecido, mas que é conhecido pelos outros: ser “gente grande”. Dessa pergunta, surge outra: “gente grande” deve necessariamente ter um trabalho? De onde vem essa necessidade? É vital ou social?

Pouco a pouco, o assunto trabalho, que antes não lhe dizia respeito, acaba sendo não só assunto seu, mas também problema seu: o que fazer com isso?

Por que o trabalho deveria preocupá-lo? Será que ele significa o fim do “verde paraíso dos amores de infância" (Baudelaire)? Cada membro da humanidade é condenado a vestir a roupa de trabalhador ou trabalhadora? Trata-se mesmo de uma condenação? Não pense que quero bombardeá-lo de perguntas que não são suas. De fato, é possível que eu esteja indo além do que você esperava. Afinal de contas, filosofar é isto: ir além das primeiras ideias para seguir o raciocínio de forma inesperada; surpreender-se para desprender-se. Assim, é possível que você ainda não tenha se perguntado o que vai fazer de sua vida. Para seguir nossa reflexão, considere que essa questão é a pergunta filosófica primordial, e que a partir dela surgem outras perguntas que vão fazê-lo viajar como nunca. Por enquanto, imagino como você

Charles Baudelaire (1821-1867) Poeta francês, autor de *As flores do mal*. O verso citado faz parte do poema "Moesta et errabunda"

desprender-se Neste caso, significa desapegar-se de hábitos ou ideias preconcebidas

me vê: um provocador que quer fazer você cair em uma armadilha a partir dessas perguntas. A filosofia é um diálogo, mas um diálogo provocado. Ou seja, um de seus princípios é reconhecer – quando estiver sozinho, sem as formas de fuga habituais à sua disposição, como a televisão ou a música – que você não pode escapar desse assunto. Embora ele pareça vir de fora, você sente que ele está crescendo aí dentro como uma interrogação sobre sua própria vida, contribuindo para sua transformação.

Será que a vida tem de ser necessariamente dedicada ao trabalho uma vida de trabalho?

Fazer algo de sua vida, em vez de nada, será necessariamente transformar esse "fazer" em uma atividade remunerada repetida cotidianamente em um ritmo dividido entre a semana e o fim de semana, ano trabalhado e férias? Você não corre o risco quase mortal de ver a vida passar diante de seus olhos, deixando-a escapar sem nunca conseguir agarrá-la?

É possível perder a vida tentando ganhá-la?

Gostaria de me aprofundar nesse tópico, que se trata de uma ótima porta de entrada para o labirinto que é a vida. Talvez você não conheça Murphy, o anti-herói do cotidiano que Beckett envia à Terra para abalar nossa fé no trabalho. Murphy faz o possível para não encontrar um trabalho, tudo em nome do amor à humanidade;

Murphy
Personagem e título do primeiro romance de Samuel Beckett

Samuel Beckett
(1906-1989)
Escritor irlandês

despreza esse meio por ele se tornar, muitas vezes, um fim. Talvez um dia você chegue a conhecer Murphy, mas, por enquanto, já sabe que ele fez a pergunta certa: o ser humano deve necessariamente trabalhar? Você percebe que fazer tal pergunta já é um "trabalho" em si: o esforço de pensar sobre o trabalho; e eu acho que você tem razão, o que complica um tanto nossa tarefa. Refletir sobre essas coisas, porém, não é trabalho dos outros, mas sim um trabalho seu, de refletir sobre si mesmo: portanto, estamos no caminho certo. E é esse caminho que proponho que você explore.

É preciso viver para trabalhar ou trabalhar para viver?

Molière
(1622-1673)
Dramaturgo francês

O avarento
Título de uma das peças de teatro de Molière

Sugiro começarmos nossa reflexão com Molière e suas comédias. Talvez você já tenha ouvido uma famosa frase da peça *O avarento*: "É preciso comer para viver e não viver para comer". Como imaginar uma vida dedicada apenas àquilo que pode prolongá-la? No entanto, comer não é algo fácil. Não só a natureza não se oferece a nós como uma reserva alimentar – uma despensa sempre abastecida – como a civilização humana se afastou de tal maneira dela que a colheita e a caça se tornaram formas marginais de nossa relação com o mundo. Hoje, falamos em "cadeia alimentar".

Hannah Arendt
(1906-1975)
Filósofa americana de origem alemã

A "NECESSIDADE DE SOBREVIVER" COMANDA TANTO O TRABALHO COMO O CONSUMO; E O TRABALHO [...] FAZ ATIVAMENTE O QUE O CORPO FAZ DE MODO AINDA MAIS ÍNTIMO QUANDO CONSOME SEUS ALIMENTOS. OS DOIS SÃO PROCESSOS DEVORADORES QUE TOMAM E DESTROEM A MATÉRIA; E "A OBRA" REALIZADA PELO TRABALHO SOBRE O MATERIAL É APENAS A PREPARAÇÃO DE SUA EVENTUAL DESTRUIÇÃO.

Hannah Arendt

Comer faz parte do processo civilizatório do alimento, de algo que não existe na natureza dessa forma. O alimento é então o produto de um trabalho sobre a natureza. Assim, não estamos mais no mundo da natureza, mas no do trabalho, que tende a se tornar uma "segunda natureza" para o homem. Trabalhamos a natureza, submetendo-a às nossas leis, à nossa autoridade.

Comer não implica um regresso à natureza, mas pressupõe um mundo inteiramente ordenado pelo trabalho humano. Você não consome parte da natureza, mas parte do trabalho do homem sobre a natureza. Dessa forma, nosso corpo está aberto a esse trabalho e é dependente dessa atividade humana. Se é preciso comer para

viver, em um sentido ainda mais amplo, antes disso é necessário trabalhar para comer.

Tamanha transformação da natureza não deixa de criar problemas para o meio ambiente (como respeitar a natureza hoje?) e para a justiça social (como garantir a distribuição igualitária dos alimentos?) É legítimo construir um mundo humano como se fosse um império sobre o mundo natural? O trabalho nos afasta a tal ponto da natureza que nos faz mergulhar em outro mundo? Não só o ambiente é resultado da atividade dos homens como o próprio desfrute de seus produtos só pode acontecer mediante trabalho: o de seus pais, do qual você se beneficia enquanto é criança; e, mais tarde, o seu, quando seu sustento depender somente de você.

desfrutar
O ato de aproveitar a posse ou uso de uma coisa ou condição

Trabalho e dinheiro

Assim, a existência está vinculada à lei do trabalho, embora nem todo mundo trabalhe. Você cresce à sombra da profissão exercida por seus pais, sob sua influência ou sob sua ausência. A constatação dessa dependência, normalmente despercebida, o leva a novas indagações. Existe outro valor para o trabalho além do dinheiro que vem na forma de remuneração? Diz-se que qualquer trabalho merece salário, mas isso significa que essa é a finalidade do trabalho? Portanto, seria preciso se esforçar e trabalhar cada vez mais para ganhar ainda mais? Por enquanto essa lógica não lhe diz nada, já que ainda vive uma vida de brincadeiras, histórias em quadrinhos e muitos sonhos. Mas você já sabe que algumas pessoas trabalham bastante e ganham pouco, enquanto outras trabalham pouco e ganham muito. Na televisão, você já deve ter ouvido falar de especulação, de rendas que se multiplicam por meio de investimentos financeiros bem-sucedidos.

remuneração
Pagamento em retribuição ao trabalho prestado

especulação
Operação que visa lucrar com a variação da Bolsa de Valores

O que possuímos parece não ter relação com o trabalho. Apesar disso, ao acordar de manhã cedo e abrir a janela do seu quarto antes de ir à escola, talvez você veja do outro lado da rua, em uma fábrica, luzes que delineiam figuras debruçadas sobre máquinas. Talvez seus pais já tenham saído para trabalhar em um bairro distante ou até mesmo em uma cidade vizinha. Você já sabe que o trabalho é uma questão física, de corpos cansados, submetidos a um ritmo cada vez mais rápido. É por isso que não pode ser avaliado apenas em termos de salário. O trabalho ocupa boa parte da vida, ou seja, parece ser uma obrigação vital. Sem ele, seus pais simplesmente não poderiam viver do jeito que vivem. Mas, com ele, vem uma lista de regras drásticas que devemos cumprir e, com isso, se forma um mundo novo – que pode ter certa beleza comportamental ou psíquica, mas que também provoca sofrimentos.

drástico
Severo; rigoroso

psíquico
Psicológico; que tem relação com a mente

Necessidade, obrigação ou alienação?

Uma vida no trabalho escapa dela própria, não pertence mais a si mesma. Esse não pertencimento não é necessariamente um sinal de *alienação*, mas a promessa de reconhecimento, de encontros, de composição com forças novas. É a entrada para uma memória coletiva mais ampla que a sua própria. O que chamamos de "profissão", algo que por enquanto você não vivencia, é baseado nas características específicas de cada trabalho, que, portanto, não pode ser um simples instrumento para obter dinheiro. A profissão vale de fato a existência. Assim, trabalhar não é apenas produzir um objeto ou realizar um serviço em troca de remuneração; é também entrar em

alienação
Neste caso, refere-se ao estado de quem não compreende o sentido de seus atos

uma vida mais ampla que a sua, repleta de atos específicos conectados uns aos outros, desenvolvida em um lugar sempre relacionado com outros, localizados em outras regiões, países ou continentes.

Nesse sentido, pode-se dizer que ter um trabalho é como adotar uma religião, já que um mundo, que antes não era seu, acaba se agregando à sua vida, unindo-se a ela. Talvez você já tenha assistido à louca corrida de Charlie Chaplin em *Tempos modernos*, quando ele escorrega entre as engrenagens da máquina como se seu corpo não fosse mais separável dela, como se tivesse uma vida reduzida (sempre mais maquinal) e ao mesmo tempo mais ampla (uma vida que se estende ao conjunto de máquinas, à fabrica e aos demais operários).

Tempos modernos Filme de Charlie Chaplin (1889-1977) sobre a divisão do trabalho industrial

É A MÁQUINA EM SI QUE, AO FORNECER AGILIDADE E FORÇA AO OPERÁRIO, É AGORA A VIRTUOSE, DOTADA DE ALMA PRÓPRIA... A ATIVIDADE DO OPERÁRIO, REDUZIDA A UMA MERA ABSTRAÇÃO, É DETERMINADA E REGULADA, EM TODOS OS SEUS ASPECTOS, PELO MOVIMENTO DO MAQUINÁRIO. A CIÊNCIA – QUE OBRIGA OS MEMBROS INANIMADOS DA MÁQUINA, CONFORME SEU PROJETO, A OPERAR COMO UM AUTÔMATO CUMPRINDO SUA MISSÃO – NÃO EXISTE NA CONSCIÊNCIA DO OPERÁRIO, MAS AGE SOBRE ELE COMO UM PODER EXTERIOR, O PODER DA MÁQUINA.

Karl Marx

Isso ocorre porque o trabalho o coloca para fora de si mesmo, para perto dos outros, em uma desapropriação que pode ser fonte de sofrimento, mas também de alegria.

O trabalho não se limita a separar os seres humanos ao criar desigualdades de condição ou de remuneração. Ele também une as pessoas ao incluí-las em uma comunidade. Ir a um bar após o expediente ou conversar durante a hora do almoço não servem apenas para espairecer, mas também para perceber o quanto estamos ligados uns aos outros ou como nos sentimos em relação ao próprio trabalho. O trabalho pode nos levar a uma viagem para o pior (o trabalho como castigo) ou para o melhor (o trabalho como emancipação).

emancipação
Ato de tornar-se independente, de libertar-se

Karl Marx
(1818-1883)
Filósofo e economista alemão

Dependência do trabalho e independência

As diferenças que caracterizam a vida de cada um não são insuperáveis. Há uma infinidade de pessoas que só conseguem ir em frente por causa do trabalho, que são dependentes do modelo imposto pelo trabalho, mas que, ao mesmo tempo e graças a ele, são independentes, capazes de confrontar o mundo, os outros e a si mesmas.

Aí se encontra o paradoxo do trabalho: a pessoa se torna dependente, vinculada a uma série de obrigações, para, em troca, experimentar a independência, a autonomia. É assim que se descobre a grandeza e a miséria do trabalho – miséria da dependência, grandeza da independência. O trabalho só se justifica quando uma se torna o meio para obter a outra; não quando ele se torna uma finalidade na vida, em vez de uma maneira para ter uma vida independente. Não necessariamente o trabalho faz alguém ser livre, mas cria condições para a liberdade, desde que a vida em si

paradoxo
Contradição a que se pode chegar ao pensar

autonomia
Perder ou fazer perder suas qualidades individuais, únicas

não seja restringida pela estafa ou pela falta de sentido do trabalho.

O trabalho só tem pleno valor quando pode ser pensado como meio para alcançar algo mais amplo do que ele próprio. Os sofrimentos e as obrigações que o acompanham não desaparecem, mas se transformam em promessa da vida nova que, enfim, você pode levar sozinho. Através do trabalho, a vida se encaminha em direção à verdadeira autonomia. É essa transformação que parece ser a provação, o teste do trabalho. Porque o trabalho muda você sem descaracterizá-lo (você pode ser quem é), mas traz a promessa de uma vida que depende de você, embora, por causa do próprio trabalho, ela esteja exposta aos outros, aos imprevistos de um destino em comum.

Amar, trabalhar

Talvez você pense que existam outros vínculos mais importantes do que o trabalho, como o amor. Por enquanto, amar lhe parece uma forma superior de relação humana. Você não quer afirmar precipitadamente o que a vida humana deve ser, mas imagina que uma vida sem amor e sem trabalho corre o risco de se enclausurar em uma solidão mortal e, por fim, desmoronar. E tem mais: você começa a se perguntar se amor e trabalho são independentes um do outro; se amar não consiste em ter que se esforçar para se unir a outra pessoa, gerando assim o sofrimento e a agitação que lançam uma vida na atividade da paixão, no trabalho da paixão.

enclausurar
Viver em clausura, longe do convívio social

paixão
Neste caso, forte atração por uma coisa ou um ser

Acima de tudo, você suspeita que trabalhar é amar de outro jeito, é se mostrar solidário aos outros. Descobre a frase de Sartre no final do livro *As palavras*: "Se guardo a impossível salvação na loja de acessórios, o que resta? Todo um homem, feito de todos os homens, que os vale todos e que vale não importa a quem". Com certeza, você já sabe que o trabalho com as palavras (esse que você faz na escola) não é o mesmo que o trabalho do operário – e, mais uma vez, você pensa naquelas figuras debruçadas sobre máquinas do outro lado da rua.

Jean-Paul Sartre (1905-1980) Filósofo e escritor francês

As palavras Autobiografia de Sartre

Solidariedade

Você descobre que faz parte não só de uma comunidade universal de trabalhadores, mas também de uma comunidade única de vidas com as quais faz intercâmbio. Essa comunidade se expressa como um grande corpo unificado por gestos e preocupações comuns, que se concretizam na desordem planejada de uma greve ou manifestação quando existem riscos de se desmanchar ou encerrar a atividade que compartilham.

É verdade que existe o lado negativo do trabalho – o das demissões vinculadas ao fechamento de fábricas, à transferência de sedes, a novas formas de organização de trabalho, à crise de alguns mercados. Mas também existem novas formas de amor no trabalho; formas que juntam vidas antes separadas, relacionando--as uma com as outras, tanto nas greves como no cotidiano das equipes de trabalho.

Mas isso não é tudo. Uma solidariedade se estabelece, e é uma nova forma de amor, entre aqueles que trabalham e os que não trabalham. Você mesmo faz parte indiretamente dessa relação de solidariedade. Afinal, o que é uma família senão um grupo protegido por uma rede invisível de solidariedade que une os que trabalham aos que não o fazem, permitindo que a vida das crianças (e dos adultos que não trabalham) se desenvolva sob a proteção daqueles que exercem uma atividade remunerada? Contudo, não devemos idealizar as famílias.

equipe de trabalho
Grupo de pessoas que trabalham em um mesmo projeto

A capacidade de proteção dos pais sofre com a violência social do desemprego, com as baixas remunerações, com a instabilidade do emprego etc.

Trabalhar é pertencer à comunidade dos homens

Agora você sabe que o trabalho é mais do que um simples meio de ganhar a vida, embora não possa ser um fim em si. Junto com o amor, ele é a principal maneira de pertencer ao mundo, como uma confirmação do valor do ser humano. Pelo fato de trabalhar, você é reconhecido como pessoa (independentemente de qualquer regra de direito ou de moral), porque participa de uma aventura coletiva que começou antes de você e que vai perdurar, embora nenhuma forma de atividade seja eterna.

Apesar disso, é verdade que cada trabalho tem a própria história, uma dimensão maior, na qual ingressamos ao exercer uma pro-

O TRABALHO NAS DOCAS DE UM PORTO NÃO É APENAS UMA TAREFA ANONIMAMENTE REGULAMENTADA, MAS UM MODO DE FAZER QUE INCLUI TRADIÇÕES PROFISSIONAIS ESPECÍFICAS, UM EXERCÍCIO DE CAPACIDADES EM DETERMINADO AMBIENTE PORTUÁRIO [...]. O TRABALHO É A RELAÇÃO DO SER HUMANO COM SEU MEIO DE VIDA; UMA RELAÇÃO NÃO SÓ SUPORTADA, MAS TAMBÉM ORIENTADA PELO PRÓPRIO SER HUMANO.

Georges Canguilhem

fissão. O trabalho não se limita às normas que devemos cumprir. Também não se restringe ao conjunto de ações que realizamos ao seguir as regras que especificam nossa atividade. Ele prolonga a vida ao fazer com que ela entre na construção histórica de uma profissão. Assim, trabalhar é se reportar permanentemente à autoridade de um especialista, de uma memória (de gestos, ações, conflitos), de um objetivo comum que atribui beleza e estilo à atividade. O trabalho só alcança seu pleno sentido dentro de uma história coletiva. É uma forma comum que se desenvolve no tempo e no espaço. Com ele, nossa vida sempre é mais ampla do que nós mesmos.

norma
Regra que determina procedimentos e atos

Georges Canguilhem
(1904-1995)
Filósofo francês

Uma vida decente

Sair de si mesmo em direção aos outros

Agora devemos nos perguntar qual é o propósito do trabalho. Talvez, a seu ver, ele pareça um instrumento de tortura destinado a oprimir as pessoas, obrigando-as a aceitarem-no todos os dias. Com certeza, você conhece muitas pessoas que sofrem por causa dele, que lutam para pagar as contas. Apesar disso, gostaria de lhe sugerir outra versão. Não que essa não exista, mas há lugar para outra história ao lado desse viés sombrio. É essa que eu gostaria de lhe propor.

Tudo começa com a diversão que o trabalho possibilita. O próprio trabalho é uma forma de entre-

A palavra **trabalho** tem origem no latim "*tripalium*", que quer dizer "instrumento de tortura"

oprimir
Causar tristeza, aflição, sofrimento

tenimento que distrai você de si mesmo. Se “toda a infelicidade do homem consiste em não conseguir ficar sozinho em seu quarto” (Pascal), será que o trabalho contribui para ela? Não seria necessário repensar essa famosa frase, dita em uma noite de depressão? Com o trabalho, você está momentaneamente livre do julgamento de Pascal. Com o trabalho, “tudo está fora, tudo, até nós mesmos; fora, no mundo, entre os outros” (Sartre). Desse modo, você se volta para os outros, dos quais nunca se afastou, “homem entre os homens”.

Blaise Pascal
Matemático, físico e filósofo francês

Portanto, será que o trabalho não proporciona um prazer de sair de si mesmo semelhante ao da diversão? Você logo vai me responder que a lógica do trabalho não é o prazer, mas a produção.

É verdade que trabalhar sempre significa produzir um bem por um salário. Mesmo assim, a produção gerada não é necessariamente um objeto ou algo visível, disponível no armazém do mundo; nem é obrigatoriamente uma das peças que compõem um produto maior. Pode ser um serviço realizado por um governo ou uma empresa, pode ser a transmissão de um conhecimento. Assim, os bens gerados pelas atividades profissionais não

são apenas materiais, podem ser também imateriais. Não importa qual seja o caso, existe no trabalho uma atividade direcionada a outra pessoa, uma relação com o outro que situa você fora de qualquer isolamento hipotético.

O trabalho vincula você aos outros de várias maneiras.

Uma coreografia humana

O que você produz só tem sentido para outros que não o produzem, mas que, por sua vez, produzem o que você não produz. De fato, a divisão do trabalho resulta da especialização e da racionalização que se desenvolveram no capitalismo moderno no intuito de produzir sempre mais, de modo que podemos nos perguntar se ainda existem coisas não produzidas, um "oásis selvagem". A divisão do trabalho também é resultado da interdependência humana que se desenvolveu em todas as civilizações industriais e que tornou os humanos necessariamente solidários, mesmo que em geral eles não tenham consciência disso.

É preciso ver aí um sinal da modernização das sociedades,

racionalização
Ação que tem por meta tornar o trabalho mais eficiente

capitalismo
Sistema econômico que tem o lucro como objetivo

civilização industrial
Sociedade que se estabeleceu no século XIX, junto com as indústrias

imposta pelo surgimento das grandes indústrias. E provável que você conheça o lado sombrio do filme *Tempos modernos*: a terrível especialização que empobrece as profissões, reduzindo-as a gestos cada vez mais mecânicos que provocam novas formas de cansaço e de sofrimento psíquico. Você se lembra desses corpos cansados e impacientes por não poder deixar seu posto de trabalho. Exatamente o contrário de um quadro pintado por Fernand Léger: corpos leves e aéreos que ondulam entre as estruturas metálicas de uma torre, de uma ponte. Você já sabe que o trabalho sempre passa pelo corpo, pelos movimentos permanentemente repetidos que provocam uma irresistível vontade de fugir. Esses gestos, porém, levam a

Fernand Léger (1881-1955) Pintor francês, fascinado pela técnica

Adam Smith (1723-1790) Filósofo e economista escocês

NAS GRANDES FÁBRICAS, DESTINADAS A FORNECER OS PRODUTOS CONSUMIDOS MASSIVAMENTE PELO POVO, CADA SETOR EMPREGA UM NÚMERO TÃO GRANDE DE OPERÁRIOS QUE É IMPOSSÍVEL REUNI-LOS TODOS NA MESMA OFICINA.

Adam Smith

outros gestos com os quais se relacionam, tanto em um mesmo espaço como em outros lugares.

O trabalho, mesmo o mais automatizado, não pode existir se for isolado. Nesse universo, Robinson Crusoé não teria nenhuma chance! Cada operação gestual faz parte de um conjunto mais amplo de operações que definem um local de trabalho (hospital, escola, empresa etc.) Assim, os gestos de uns não estão separados dos gestos dos outros, com os quais formam um balé. Existe uma dimensão coreográfica no trabalho: em cada local, ele produz figuras impostas, porém dotadas de estilo próprio: uma sequência livre, geralmente oculta, mas cuja revelação é necessária para que o trabalho tenha sentido.

Robinson Crusoé
Personagem principal e título do romance do escritor inglês Daniel Defoe (1660-1731), no qual um náufrago vive por 28 anos isolado em uma ilha antes de ser resgatado

balé
Coreografia para uma composição musical

TRA
BA
LHO

Aposentadoria: uma vida sem trabalho

O que se produz só faz sentido porque outros trabalharam antes. O trabalho sempre remete à história de uma profissão. Ela nunca é conhecida previamente. Não se reduz à história oficial dos progressos técnicos, das modificações das formas de trabalho. Pertence a um mundo de gestos e posturas, a um conjunto de corpos que têm sua maneira particular de se manter juntos. Assim, o que você faz só tem valor em função daqueles que não estão mais aqui, mas que fizeram o mesmo antes. Dessa forma, você trabalha porque outros fizeram isso antes até que se aposentaram e morreram, embora ainda façam parte do mundo em que você se encontra. De fato, a humanidade não é composta mais por mortos do que por vivos?

O verbo "aposentar" tem outros significados, além de "parar de trabalhar". Antigamente, significava "hospedar-se em algum lugar", como se a pessoa parasse de trabalhar e ficasse "morando" no sofá de casa em frente à televisão. Hoje em dia, empregamos esse termo também para nos referir a algo que já não usamos mais ("aposentei aquela blusa porque já não me serve" ou "minha mãe aposentou aquela mala porque é muito antiga"). Será isso o que acontece com as pessoas? Elas já não servem ou ficaram muito velhas para aquele trabalho?

A vida começa antes do trabalho e a ele sobrevive. Podemos dizer que, com o trabalho, você entra em uma segunda vida, que torna a primeira possível, mas que tem seu próprio mundo. É dessa segunda vida que um dia você terá que se aposentar, aprendendo assim a contingência das fases da vida, pois elas não são eternas – nem a infância, nem a fase adulta. Você vai sentir isso fortemente em duas ocasiões: ao entrar na vida economicamente ativa e ao sair dela. Ao entrar, vai se perguntar como é possível viver o que se acredita ser (com razão ou não) a verdadeira vida, já que o dia a dia é cheio de obrigações sociais. Ao sair, vai experimentar um sentimento, alegre ou triste, de perda. Esse sentimento vai lançá-lo em uma vida "sem...", fazendo de você um "sem-trabalho", assim como existem os "sem-terra" ou os "sem-teto".

contingência
Possibilidade de algo acontecer ou não

O QUE É UMA SOCIEDADE DECENTE? RESUMIDAMENTE, A RESPOSTA QUE PROPONHO É A SEGUINTE: UMA SOCIEDADE DECENTE É AQUELA CUJAS INSTITUIÇÕES NÃO HUMILHAM AS PESSOAS.

Avishai Margalit

Essa galáxia dos "sem", da qual hoje, enquanto ainda não trabalha, você só tem uma vaga ideia, remete mais uma vez à relação entre vida e trabalho. A vida não se limita ao trabalho, mas sem trabalho ela corre o risco de se tornar inviável. Enfim, você repensa sua posição inicial. O trabalho não é o ingresso em uma vida normal, mas a possibilidade de uma vida decente.

Avishai Margalit
Filósofo israelense contemporâneo

Vida ativa, vida decente

A vida decente que o trabalho pode propiciar, se a integridade humana for respeitada, significa ausência de trabalho para outras pessoas, que, por sua vez, encontram na solidariedade renovada o meio de viver de modo decente. Por enquanto, você pensa nessa estranha expressão "vida ativa", que não diz mais respeito aos aposentados e que ainda não se refere a você. Além da surpresa provocada pela união de duas idades tão distantes, você também sente que a definição de trabalho e atividade é muito vaga. Quantas atividades não são trabalhos em si e, mesmo assim, preenchem uma vida, trazendo prazer e alegria? Assim, você reluta em se definir como inativo (aliás, você rejeita

essa definição). Quer dizer que existe um tempo em que o trabalho se impõe como benéfico para a sociedade e outro tempo, o da aposentadoria, em que podemos parar? Mas não existe uma ampla solidariedade humana que torna possível e legítima a aposentadoria, já que o trabalho de uns é a condição para encerrar o tempo de trabalho de outros?

É que trabalhar não significa apenas produzir bens materiais ou imateriais de naturezas diversas, mas também produzir um conjunto de qualidades sociais que garantam as formas de vida em comum. A contribuição à Previdência Social, a retenção de parte do salário para a aposentadoria, os impostos etc. são características ligadas ao trabalho graças às quais a proteção social e a solidariedade têm sentido. Mais uma vez, você descobre que não trabalha apenas para si e seus familiares, mas para um conjunto de seres humanos aos quais você está vinculado por estarem todos inseridos em um mesmo território, falarem a mesma língua e pertencerem à mesma cultura. A vida decente não é somente sua, mas de um mundo todo ao seu redor.

Vidas sem trabalho

O homem não existe apenas pelo trabalho

Não gostaria que você pensasse que uma vida sem trabalho é impensável. Em primeiro lugar, há muitas pessoas que não conseguem ingressar no mercado de trabalho. Além disso, existem outras com um pé dentro e outro fora desse mercado. Por fim, há pessoas que recusam o trabalho. Todas essas vidas são precárias, vidas sem justificação social garantida, expostas à desclassificação, ao descrédito, à vergonha. Será que devemos deixá-las na invisibilidade social, sem ouvir o que elas têm a dizer? E o que elas dizem exatamente? Que querer saber se é possível imaginar um

desclassificação
Neste caso, refere-se à perda de influência ou *status* social

descrédito
Perda de consideração e de estima sofrida por uma pessoa

mundo sem trabalho não é algo pertinente. Pois existem inúmeras vidas sem trabalho.

Temos aí, ao mesmo tempo, um novo grau de injustiça e a experimentação de outro mundo. A injustiça social surge da distribuição desigual do valor-trabalho. Uma primeira desigualdade resulta da divisão social entre os que têm um trabalho e os que não têm. Uma segunda desigualdade divide quem trabalha entre os que têm o futuro relativamente garantido e os que estão em situação precária. A precariedade tem várias causas. Pode ser ligada à angústia de perder o emprego, mas também pode ser criada pelas formas de desqualificação (assédio ou desclassificação sofrida por quem trabalha). Assim, a questão não é unicamente ter ou

assédio
Neste caso, refere-se a atos contra um colega para desestabilizá-lo

COM FREQUÊNCIA SE DIZ QUE VIVEMOS EM UMA SOCIEDADE DE CONSUMIDORES, E JÁ QUE [...] O TRABALHO E O CONSUMO SÃO SÓ DOIS ESTÁGIOS DE UM MESMO PROCESSO, IMPOSTO AO HOMEM PELAS NECESSIDADES DA VIDA, ESSA É APENAS OUTRA MANEIRA DE DIZER QUE VIVEMOS EM UMA SOCIEDADE DE TRABALHADORES... NÃO IMPORTA O QUE SE FAÇA, ESPERA-SE QUE SE FAÇA PARA "GANHAR A VIDA" [...]. A ÚNICA EXCEÇÃO QUE A SOCIEDADE PERMITE É O ARTISTA, QUE, RIGOROSAMENTE FALANDO, É O ÚLTIMO "ARTESÃO" QUE RESTOU EM UMA SOCIEDADE DO TRABALHO.

Hannah Arendt

não um trabalho, mas também: será que existo apenas por causa do trabalho? A vida de alguém fica estável com o trabalho ou, ao contrário, torna-se precária por causa dele? Se você olhar ao redor, verá pessoas que ficaram inativas, desanimadas pela ausência de trabalho ou pela angústia de perdê-lo. Mas você ainda rejeita a ideia de que o trabalho seja o principal acesso à sociedade humana. Quantas vidas se tornaram desumanizadas por sofrer no emprego?

Talvez você já tenha ouvido falar de pessoas que não trabalham e passam a viver por meio de programas de renda básica de cidadania. Elas não recusam o trabalho em si, mas o trabalho sem as condições mínimas. O mais tocante é que são pessoas desempregadas e, mesmo assim, incrivelmente ativas (como você, talvez?) Muitas vezes fazem parte de abrigos e albergues, exercendo atividades voluntárias que não são trabalho, mas deveriam ser consideradas como tal porque são incrivelmente úteis. Quer dizer que o conceito de trabalho deve ser vinculado a coisas úteis? Parece totalmente injusto, considerando que certas formas de trabalho não têm utilidade muito óbvia. Chegou a hora de o mundo passar a reconhecer plenamente essas atividades, você deve estar pensando. Está na hora de ampliar a rede de trabalho, incluindo novas atividades que ainda não são remuneradas. A seu ver, essa deve ser a verdadeira exigência em busca de justiça social.

A justiça social

No entanto, a demanda por justiça social não acaba totalmente com o problema. Se o trabalho cria as condições para uma vida decente e, nesse sentido, é uma atividade humana engrandecedora, a sociedade não pode considerar a vida de alguém não empregado como uma vida sem valor. Tudo o que se arrisca ou se cria na vida é uma aventura imprevisível, gerando inúmeros efeitos, e não pode ser julgado nulo e sem efeito – a não ser por quem insista que a sociedade é eternamente condenada a repetir o mesmo esquema de funcionamento. Na realidade, o trabalho é mesmo uma atividade essencial, porém não é a única. Ninguém sabe de antemão o que uma pessoa pode realizar.

Eu não gostaria que você achasse – pois sinto que já está impaciente, olhando pela janela – que quero incentivá-lo a se aventurar em um mundo sem trabalho e fora dos padrões. Sei muito bem os sofrimentos provocados pela falta de trabalho, e percebo a injustiça em vidas sem trabalho ou sem garantia profissional. Apenas desejo que você veja o mundo além da cortina do emprego. Não há dúvida, porém, de que o trabalho é o melhor meio para que alguém se torne independente. Ainda assim, é necessário conceber o trabalho como algo além dos objetivos e das avaliações que o validam.

avaliação
Neste caso, refere-se à medida de julgamento de um trabalho, feito por sistema de controle

Além do trabalho

O trabalho não é só feito de objetivos, normas e regras, mas também é repleto de possibili-

dades subjetivas que cada pessoa introduz no seu dia a dia, que ele a permite ou a impede de realizar. O que você vai fazer à noite após o expediente, o lugar onde vai passar as férias e o amor que sente por sua família são elementos que penetram no universo de suas ações e organizam secretamente seus afazeres cotidianos. Sempre trabalhamos além do trabalho: agimos não só em função do que é exigido de nós, mas também do que conseguimos ou não fazer por nós mesmos através do trabalho. Nós nos organizamos secretamente em um mundo regulado pelos outros. Esse uso de si mesmo é decisivo na experiência do trabalho: é fonte de alegria, de prazer pelas invenções que o acompanham. Assim, o trabalho não

VÁRIAS VEZES, CITA-SE A FRASE, ARREBATADORA E PROFUNDA, DE UM TRABALHADOR QUE CONSERTA MÁQUINAS: "UM OPERÁRIO NUNCA FICA DIANTE DE SUA MÁQUINA PENSANDO 'EU FAÇO O QUE ME MANDAM'". É UMA MANEIRA DE UM TRABALHADOR DIZER O QUE ELE PRETENDE DENUNCIAR: A ALIENAÇÃO PROVOCADA PELA CONCEPÇÃO DO TRABALHO COMO UM COMPORTAMENTO ESTRITAMENTE RACIONALIZADO. FAZER, MANTENDO CERTA DISTÂNCIA DO QUE SE É MANDADO FAZER, É, LITERALMENTE, FAZER USO DE SI.

Georges Canguilhem

se resume ao que os outros conseguem fazer de nós (autoridade, hierarquia), mas também é composto do que conseguimos fazer de nós mesmos no mundo dos outros. Aí se encontram reunidas, em uma mesma noção, a grandeza e a miséria do trabalho. É algo que não dominamos totalmente.

Índice

Esse índice reagrupa, em ordem alfabética, os nomes próprios e as palavras cujo sentido foi explicado nos balões coloridos dispostos à margem do texto. Os números remetem às páginas.

Sobre o autor

Guillaume le Blanc é professor de filosofia na Universidade de Bordeaux, membro da comissão editorial da revista francesa *Esprit*, editor da coleção "Pratiques théoriques" (Editora PUF) e autor de vários livros sobre filosofia.

Sobre o ilustrador

Jochen Gerner é formado pela Escola Superior de Belas-Artes de Nancy, na França, e já realizou diversos trabalhos para a imprensa e editoras francesas.

Conheça outros títulos da coleção

Amar um pouco, muito... loucamente?

Anissa Castel

Há bons motivos para ser mau?

Denis Kambouchner

Obedecer? Rebelar-se?

Valérie Gérard